SKL Concept

Papa tu m'as dit

Qu'il nous soit fait selon Ta Parole
Je te fais confiance

Livret 6
**Ne nous induis pas en tentation, mais
délivre-nous du malin**

Rassemblés / Auteur par : SKL Concept

issuemedias@issueassociation.com

ISBN : 978-2-493947-04-8

© SKLConcept

MOT DE L'AUTEUR

Disciple de Jésus-Christ, le Saint-Esprit m'a inspiré et m'a mis à cœur de rassembler un certain nombre de versets pour l'édification de mes frères et sœurs.

Ce livre est pour l'édification du corps de Christ.

Ce livre ne doit en aucun cas remplacer la Bible qui est la source d'où est puisée cette révélation.

Ce que vous allez découvrir dans ce livre vous servira au quotidien dans vos moments d'intimité initiés et conduits par le Saint Esprit par la seule grâce du Père.

Les citations bibliques utilisées sont tirées des versions suivantes :

Louis Segond - Parole de Vie - Darby - Parole Vivante - Martin - Bible en Français Courant - Bible de Jérusalem - Nouvelle Bible Segond - La Bible du Semeur.

ACTIONS DE GRÂCE

Je rends grâce à Dieu, qui dans Son Amour m'a sauvé, affranchi et associé à Lui dans Son Œuvre.

Je rends grâce à Dieu, pour la vie de ma femme et de mes enfants. Je rends grâce à Dieu pour l'œuvre du Saint-Esprit dans les différents ministères repartis dans le monde, pour leur travail qui nous nourrit spirituellement.

Je rends grâce à Dieu, pour les merveilleuses personnes qui ont participé à cette œuvre.

Il m'est impossible de tous les citer mais je ne saurai taire certains noms : le couple Sénécal, pour le temps investi dans la lecture du manuscrit.

Je rends grâce à Dieu, pour la vie de chaque lecteur et de chaque lectrice

L'utilisation de ces Livrets vous enrichira spirituellement, vous ne serez plus la même personne : sûrement meilleure qu'auparavant.

AVANT PROPOS

70% de notre vie sont dirigés par nos pensées qui nous donnent une direction.

Notre cerveau possède un pouvoir étonnant, celui de jongler avec nos émotions, avec une facilité déconcertante.

Et quand la situation que nous vivons nous déplaît, les idées négatives se mettent à fuser dans tous les sens à l'intérieur de notre tête. C'est le genre de choses qui nous maintient la tête sous l'eau, parfois pendant des heures, ou pire encore, des jours entiers.

Tout ce temps est perdu à jamais. Alors qu'il aurait pu être utilisé de façon bien plus efficace ou agréable.

Face aux circonstances que vous vivez actuellement dans votre vie, décidez aujourd'hui d'appeler à l'existence ce que vous voulez voir arriver dans votre vie, à cours, moyen et long terme et, attendez-le en persévérant.

Que tout ce qui est vrai, tout ce qui est honorable, tout ce qui est juste, tout ce qui est pur, tout ce qui est aimable, tout ce qui mérite l'approbation, ce qui est vertueux et digne de louange, soit l'objet de vos pensées. Philippiens 4 : 8

Soyons transformés par le renouvellement de notre intelligence ; exerçons-nous à penser et à parler selon la Parole de Dieu. Que la révélation de la Parole dans cette série des livrets « Papa tu m'as dit », nous fasse entrer chacun de nous dans sa destinée ici et pour l'éternité.

TABLE DES MATIERES

INTRODUCTION

Pourquoi ma souffrance est-elle continuelle ? Pourquoi ma plaie est-elle douloureuse, et ne veut-elle pas se guérir ?

Nous avons comme réflexe face aux difficultés de la vie, de rabâcher nos pensées négatives, de nous plaindre, de raconter nos malheurs à ceux qui nous entourent pour tenter de trouver du soutien.

En agissant ainsi nous semons des paroles et attirons le négatif. Comme des graines, les paroles sont semées et ensuite elles prennent vie tôt ou tard.

Papa tu m'as dit, qu'il nous soit fait selon Ta Parole.

Serais-tu pour moi comme une source trompeuse,
Comme une eau dont on n'est pas sûr ?

Les miracles ne sont pas des accidents dans notre vie. Ce sont les réponses de notre Père à notre obéissance de la Foi. L'obéissance engage notre Père à accomplir Sa Parole.

La Parole de notre Père s'applique à quiconque la reçoit et y croit (Matthieu 7 : 24). Elle s'adresse à chacun de nous personnellement.

Quand la vie est trop dure, vous ne savez plus quoi faire, qui appeler, où regarder, la seule chose qui vous reste à faire pour sortir de ce tourment : s'exercer à voir les événements selon la perspective de notre Père et non selon la perspective humaine.

La relecture, la répétition de ces livrets stimuleront votre mémoire. Elles vous permettront de retenir les paroles qui vous aideront à faire face aux tourments de la saison que vous vivez actuellement.

Cherchons notre Père Amour qui se trouve dans Sa Parole.

Offrez la série des livrets **Papa tu m'as dit** à une personne autour de vous. Par ce geste vous pouvez :

- Devenir la réponse à un souhait, une prière, un désir ;

- Illuminer la vie de cette personne ;

- Saisir une opportunité de contribuer à diffuser la parole de Dieu et à transformer des vies.

C'est pourquoi encouragez-vous les uns les autres et aidez-vous mutuellement à grandir dans la foi, comme vous le faites déjà. 1 Thessaloniciens 5 :11

A SAVOIR

Au commencement était la Parole, et la **Parole était** avec Dieu, et la **Parole était** Dieu. Toutes choses ont été faites par elle, et rien de ce qui a été fait n'a été fait sans elle. Jean 1 : 1

Le Dieu qui a créé toutes choses, l'omniprésent, l'omniscient et l'omnipotent, et qui est à l'origine de l'univers est notre Père.

Nous sommes l'argile, et c'est notre Père qui nous a formés, Nous sommes l'ouvrage de ses mains.

Notre Père se révèle sous différents noms qui décrivent, démontrent les multiples facettes de son caractère et de sa puissance :

Dieu, l'Eternel, le Créateur, le Seigneur, le Tout-Puissant, le Roi des Rois, le Fidèle, le Véritable, la Parole, l'Amour, le Sauveur…

Je serai pour vous un père, Et vous serez pour moi des fils et des filles, Dit le Seigneur tout-puissant.
2 Corinthiens 6 : 18

Je vous invite à observer la nature, le lien entre un père ou une mère avec son enfant si vous arrivez à comprendre ce lien, alors vous pourrez effleurer la dimension de l'immense Amour que notre Père a pour nous.

Chaque père responsable désire le meilleur pour ses enfants. Les enfants eux, veulent vivre des expériences qui ne sont pas sans conséquences.

Le Père responsable espère que ses enfants garderont ses bons conseils pour qu'ils leur soient utiles dans la vie. Il est prêt à faire de son mieux pour garantir une belle vie à ses enfants.

Si donc, méchants comme nous sommes, nous savons donner de bonnes choses à nos enfants, à combien plus forte raison notre Père qui est dans les cieux nous donnera de bonnes choses à nous qui les lui demandons. Matthieu 7 : 11

Nous n'étions qu'une masse informe, mais tu nous voyais et, dans ton registre, se trouvaient déjà inscrits, tous les jours que tu nous avais destinés alors qu'aucun d'eux n'existait encore. Psaume 139 : 16

Notre Père, dans sa souveraineté et sa miséricorde nous fait la grâce de pouvoir nous approcher de lui par sa Parole et de vivre sa Parole. En effet**, le but de la révélation de Dieu est de susciter en nous « la foi en Lui, notre adoration et reconnaissance ».**

La balle est dans notre camp, rapprochons-nous de notre Père pour que dans nos vies, qu'il nous soit fait selon sa Parole.

Aussi la création attend-elle avec un ardent désir la révélation de nous les fils de Dieu. Romains 8 : 19

Prophétisons et changeons le cours de nos vies par la Parole.

Prophétiser

C'est parler l'avenir par **inspiration divine** : ce qui doit arriver, en annonçant la réalité de la Parole de Dieu qui est préparée d'avance pour nous.

Moi, le Seigneur, je connais les projets que je forme pour vous. Ce ne sont pas des projets de malheur, mais des projets de bonheur. Je veux vous donner un avenir plein d'espérance. Jérémie 29 : 11

Mon peuple est détruit parce qu'il lui manque la connaissance. Osée 4 : 6

Car nous sommes son ouvrage, ayant été créés en Jésus-Christ pour de bonnes œuvres, que Dieu a préparées d'avance, afin que nous les pratiquions. Éphésiens 2 : 10

Parler

Qu'il ne sorte de votre bouche aucune parole mauvaise… Éphésiens 4 : 29

Parler c'est prononcer, déclarer, annoncer, dire quelque chose.

Au commencement était la Parole, et la Parole était avec Dieu, et la Parole était Dieu. Jean 1 : 1

Dieu libère de la puissance par Sa parole. Il n'a jamais rien fait sans d'abord le dire. Dieu accorde de l'importance aux mots. Les mots sont spirituels ; ils ont du pouvoir.

La mort et la vie sont au pouvoir de la langue ;
Quiconque l'aime en mangera les fruits.

Proverbes 18 : 21

De la même bouche sortent la bénédiction et la malédiction. Il ne faut pas, mes frères, qu'il en soit ainsi.

Jacques 3 : 10

Les paroles que nous prononçons sont d'une importance vitale pour nos vies. La Parole de Dieu est faite pour être pratiquée. Il y a une puissance créative dans la parole. Dieu utilisa des mots pour créer le ciel et la terre.

Dieu dit : Je veille sur ma parole pour l'exécuter ;

Jérémie 1 : 12

Tel il est, tels nous sommes aussi dans ce monde : c'est en cela que l'amour est parfait en nous…

1 Jean 4 : 17

Nous sommes des êtres spirituels.

Ceux, en effet, qui vivent selon la chair, s'affectionnent aux choses de la chair, tandis que ceux qui vivent selon l'esprit s'affectionnent aux choses de l'esprit.

Romains 8 : 4

Dieu annonçant l'arrivée du Messie, Jésus-Christ, Cela avait été prophétisé sur des centaines, même des milliers d'années. "Il vient. Il vient" Tout portait à croire que cela ne pourrait jamais s'accomplir ; mais Il continuait à l'annoncer.

Dieu prononça la Parole, encore et encore la Parole, et
: la Parole s'est faite chair. Jean 1 : 14

Il en est ainsi pour toi. Ne cesse pas de déclarer ce que
notre Père a dit pour ta vie. Et quand surviennent des
problèmes, des tourbillons, prononce les paroles que
Dieu t'a données.

Tes paroles prophétiques et de foi d'aujourd'hui ont
comme mission d'activer la puissance de la Parole de
Dieu dans ta vie.

Aussi longtemps que tu ne décides pas d'allumer
l'interrupteur qui est ta bouche pour confesser la Parole
de Dieu, le courant ne passera pas. La parole provoque
la foi.

Tu deviens ce que tu crois.

Proclame avec foi ce que tu veux voir arriver dans ta vie et attends-le en persévérant.

ENCOURAGEMENT

Qui veille sur ses paroles préserve sa vie, mais celui qui ouvre grand la bouche court à sa ruine. Proverbes 13 : 3

Parfois notre bouche en dit bien plus qu'elle ne devrait. Combien de fois avons-nous regretté ce que nous avons dit ?

Nous devrions faire attention et prendre le temps de réfléchir avant de parler.

Déclarer les paroles de notre Père au quotidien tout au long de notre existence nous permet d'entrer dans la destinée que Dieu a pour nous.

Notre Père nous dit qu'il veille sur Sa Parole pour son accomplissement car il connaît les projets qu'il a formés pour chacun de nous. L'Eternel, notre Papa, a des projets de paix et non de malheur, afin de nous donner un avenir et de l'espérance.

Il n'y a pas de date de péremption à la Parole de Dieu.

Ainsi en est-il de Sa Parole que nous proclamons, qui sort de notre bouche : Elle ne retourne point à notre Père sans effet, sans avoir exécuté sa volonté et accompli Ses desseins.

LE CHOIX

Semons la parole de notre Père par des déclarations et nous vivrons certainement ses effets. Faisons le choix de semer la Parole de notre Père tous les jours, dans chaque situation, il est important de nous appuyer sur elle, la proclamer jour et nuit. Jusqu'à ce qu'elle devienne la seule conviction et réalité, rien d'autre. C'est à ce moment-là exactement que vous déclencherez votre miracle.

Il ne douta point, par incrédulité, au sujet de la promesse de Dieu ; mais il fut fortifié par la foi, donnant gloire à Dieu, et ayant la pleine conviction que ce qu'il promet il peut aussi l'accomplir. Romains 4 : 20-21

Car c'est une prophétie dont le temps est déjà fixé, Elle marche vers son terme, et elle ne mentira pas ; si elle tarde, attends-la, car elle s'accomplira, elle s'accomplira certainement. Habacuc 2 : 3

Retenons fermement la profession de notre espérance, car celui qui a fait la promesse est fidèle.
Hébreux 10 : 23

Un des moyens le plus efficace est de veiller soigneusement sur nos cœurs, car il est à la source de tout ce qui fait notre vie. Proverbes 4 : 23

Goûtons et voyons combien notre Père est bon ! Oui, heureux l'homme qui trouve son refuge en lui.
Psaume 34 : 9

RECOMMANDATION

Certaines paroles que Dieu nous a données par amour sont tellement connues, devenues familières que nous les lisons presque par habitude sans réellement en chercher le sens, ni y croire.

Ne répétons pas comme une récitation la Parole, recherchons à semer la Parole fraîche, dynamique et vivante de notre Père, la remuer en nous, la digérer, jusqu'à ce que la conviction fasse naître la foi, l'adoration, la reconnaissance, des louanges.

Approprions-nous la parole de notre Père avec le je, tu, nous. Pour que cette parole devienne réalité, appliquons-nous à cela spécifiquement dans notre quotidien.

Ces paroles vont prendre corps pour notre témoignage.

Nous avons tous l'intention d'abattre le mur qui se trouve devant nous et nous empêche d'avancer. Il nous faut plusieurs coups de masse (Parole) afin d'en arriver à bout.

Prononçons la Parole, encore et encore la Parole, comme la chanson que nous apprécions et : la Parole se fera chair.

Que la Parole de Dieu ne s'éloigne pas de nos bouches ; méditons la jour et nuit pour nous y conformer de façon régulière, déclarons-la et mettons la en pratique c'est alors que nous expérimenterons le plan parfait, mènerons à bien nos entreprises, c'est alors que nous réussirons.

Pour accéder aux merveilles et miracles de la Parole de notre Père dans notre vie, il nous faut naître de nouveau (accepter, reconnaître Jésus comme Seigneur et Sauveur) et avoir la ferme intention de demeurer dans Sa Parole.

Au début ce n'est pas facile de faire des déclarations pour déclencher nos témoignages :

Laissez-vous porter par une sainte colère soyez déterminé. Je ne te laisserai pas aller avant que tu ne m'aies béni Père. Genèse 32 : 26

Créez-vous une habitude matin, midi et soir (avant de s'endormir) pendant 7 jours les paroles qui correspondent à votre saison ; recevez et croyez seulement. Vous déclencherez ainsi vos miracles.

A chaque parole déclarée, appliquons la Puissance du sang de Jésus-Christ et qu'il nous soit fait selon la Parole de notre Père.

Selon la conduite du Saint-Esprit, à chaque fois que nous le pouvons, renouvelons l'alliance avec le Père en prenant le corps et le sang de Jésus-Christ et, par la même occasion bâtissons un autel pour sceller notre exaucement.

Renouvelons l'alliance à chaque fois que le Saint-Esprit nous le met à cœur.

Jésus leur dit : En vérité, en vérité, je vous le dis, si vous ne mangez pas le corps du Fils de l'homme et si vous ne buvez pas son sang, vous n'avez pas la vie en vous-mêmes.

Celui qui mange mon corps et qui boit mon sang a la vie éternelle, et moi, je le ressusciterai le dernier jour. En effet, mon corps est vraiment une nourriture et mon sang est vraiment une boisson. Jean 6 : 53-55

L'autel est l'expression de notre adoration et de la reconnaissance que nous exprimons à notre Père.

Par notre consécration nous devenons nous-mêmes une expression d'adoration.

Je vous exhorte donc, frères, par les compassions de Dieu, à offrir vos corps comme un sacrifice vivant, saint, agréable à Dieu, ce qui sera de votre part un culte raisonnable. Romains 12 : 1

Par lui, offrons sans cesse à Dieu un sacrifice de louange, c'est-à-dire le fruit de lèvres qui confessent son nom. Hébreux 13 : 15

L'expression de la reconnaissance c'est par le sacrifice d'action de grâces. Nous allons joindre nos paroles de remerciements aux actes.

Une façon bien plus pratique de poser un acte, agir pour réveiller la mémoire de Dieu en provoquant ainsi la manifestation de sa faveur. Ésaïe 43 : 26

Bâtir l'autel est une opportunité unique que Dieu nous donne de semer et de récolter plus que ce que nous avons semé. Nous semons en réalité pour nous-mêmes non pour Dieu.

Que chacun donne comme il l'a résolu en son cœur, sans tristesse ni contrainte ; car Dieu aime celui qui donne avec joie. 2 Corinthiens 9 : 7

Cette offrande va se matérialiser sous différentes formes selon la conduite du Saint-Esprit :

En prenant soin de la veuve et de l'orphelin, de l'étranger et du pauvre, en faisant un don ou en soutenant des organismes, des associations d'aide, des médias qui diffusent et valorisent la parole de Dieu, en offrant la Bible ou des livres édifiants, dans ton lieu de culte, auprès d'un serviteur de Dieu dont tu reconnais les actions en conformité avec la parole de Dieu.

Tu m'élèveras un autel de terre, sur lequel tu offriras tes holocaustes et tes sacrifices d'actions de grâces, tes brebis et tes bœufs.

Partout où je rappellerai mon nom, je viendrai à toi, et je te bénirai. Exode 20 : 24

L'Éternel apparut à Abram, et dit : Je donnerai ce pays à ta postérité. Et Abram bâtit là un autel à l'Éternel, qui lui était apparu. Genèse 12 : 7

Apprenez à faire le bien, recherchez la justice, protégez l'opprimé ; faites droit à l'orphelin, défendez la veuve. Ésaïe 1 : 17

Bénissons l'Eternel, notre Père en tout temps ; que sa louange soit toujours dans nos bouches. Psaume 34 : 2

Nous demandons, et nous ne recevons pas, parce que nous demandons mal, dans le but de satisfaire nos passions. Approprions-nous les Paroles de notre Père.

Créons une atmosphère ou simplement disposons-nous avant de commencer à prophétiser. Invitons ainsi le Saint Esprit dans le nom de Jésus-Christ, car nous ne savons pas ce qu'il nous convient de (parler) demander dans nos prières. Mais l'Esprit lui-même intercède par des soupirs inexprimables ;

SUR TA PAROLE ! Déclarez la Parole puis parlez en langue ou parlez avec l'intelligence selon que le Saint-Esprit vous conduit. Car notre Père connaît les mots exacts profonds de nos cœurs, de quoi nous avons besoin, avant que nous le lui demandions.

Voici donc comment nous devons prier :
Notre Père céleste ! Que la sainteté de ton nom soit respectée, que ton règne vienne, que ta volonté soit faite sur la terre comme au ciel.

Donne-nous aujourd'hui notre pain quotidien ; pardonne-nous nos offenses, comme nous aussi nous pardonnons à ceux qui nous ont offensés ; ne nous expose pas à la tentation, mais délivre-nous du mal, car c'est à toi qu'appartiennent, dans tous les siècles, le règne, la puissance et la gloire. Amen !

Ainsi en est-il de Sa parole, qui sort de notre bouche : Elle ne retourne point au Père sans effet, Sans avoir exécuté Sa volonté et accompli Ses desseins.

Ésaïe 55 : 11

Les paroles que tu nous dis sont esprit et vie.

Jean 6 : 63

Nous recevons, déclarons Tes paroles au nom de Jésus-Christ notre Sauveur et Seigneur.

Livret 6
Ne nous induis pas en tentation, mais délivre-nous du malin

Aujourd'hui,
si vous entendez ma voix (Parole),
N'endurcissez pas vos cœurs
Hébreux 3 : 8

Longtemps esclaves du péché :

- par le sang qui coule en nous venant de nos parents biologiques ;

- par notre être intérieur, le vieil homme : il est composé d'un ensemble d'habitudes qui sont en contradiction avec le Saint-Esprit de Dieu que nous avons invité à faire sa demeure en nous ;

- par les influences extérieures et par la convoitise de la chair.

Nous luttons en permanence en nous. Un champ de bataille permanent avec presque pas de répit.

Nous devons résister avec une fois ferme. 1 pierre 5 : 9 :

- aux attaques avec des armes non conventionnelles qui viennent de partout ;

- aux péchés qui nous réclament pour que nous ne puissions pas vivre notre vie, ni accomplir notre destinée selon la volonté parfaite de notre Père.

La vie c'est le combat au quotidien pour refuser l'état actuel de choses que nous ne voulons pas, arracher nos biens, sortir des prisons, des forteresses, posséder nos bénédictions et nos promesses, vivre pleinement notre vie en accomplissant la volonté de notre Père.

Nous avons reçu de notre Père le pouvoir :

-Voici, je vous ai donné le pouvoir de marcher sur les serpents et les scorpions, et sur toute la puissance de l'ennemi ; et rien ne pourra vous nuire. Luc 10 : 19

- Car les armes avec lesquelles nous combattons ne sont pas charnelles ; mais elles sont puissantes, par la vertu de Dieu, pour renverser des forteresses. Nous renversons les raisonnements et toute hauteur qui s'élève contre la connaissance de Dieu, et nous amenons toute pensée captive à l'obéissance de Christ. 2 Corinthiens 10 : 4-5

Les armes à notre disposition :

- Ceinture de la justice,

- Chaussure à nos pieds de l'Évangile de paix,

- Par-dessus tout le bouclier de la foi avec lequel vous pourrez éteindre tous les traits enflammés du malin,

- Le casque du salut et l'épée de l'Esprit qui est la parole de Dieu.

Faites en tout temps par l'Esprit toutes sortes de prières et de supplications. Veillez à cela avec une entière persévérance, et priez pour tous les saints.
Éphésiens 6 : 14-17

Car nous n'avons pas à lutter contre la chair et le sang, mais contre les dominations, contre les autorités, contre les princes de ce monde de ténèbres, contre les esprits méchants dans les lieux célestes. Éphésiens 6 : 12

Mais grâces soient rendues à Dieu, qui nous donne la victoire par notre Seigneur Jésus-Christ !

1 Corinthiens 15 : 57

Lorsque nous sommes accusés, brandissons notre victoire par le sang de Jésus-Christ qui a coulé à 7 reprises pour nous :

- 1ère effusion de sang : Le sang qui a coulé à Gethsémané ; nous donne la force d'obéir à la volonté de Dieu. 1 Samuel 21-23 - 2 Corinthiens 7 : 1 ;

Étant en agonie, il priait plus instamment, et sa sueur devint comme des grumeaux de sang, ce sang était le résultat du combat qu'opposait la chair de Jésus qui ne voulait pas mourir et son Esprit qui voulait accomplir la volonté du Père.

- 2ème effusion de sang : Le sang qui a coulé du dos de Jésus. Psaume 129 : 3 ;

Le dos représente dans le corps, l'endroit qui porte les fardeaux…

Venez à moi, vous tous qui êtes fatigués et chargés, et je vous donnerai du repos. Matthieu 11 : 28

- 3ème effusion de sang : le sang qui a coulé de la barbe arrachée de Jésus. Esaïe 50 : 6 ;

Libération de la honte, de l'opprobre, de tout ce qui nous maintenait dans la souillure, dans l'impureté car la barbe d'un homme représente sa dignité, son respect ; ainsi, la-lui enlever revient à rejeter son respect, revient à bafouer sa dignité.

- 4ème effusion de sang : le sang qui a coulé de la couronne d'épines ; la couronne d'épines symbolise les difficultés, une vie de blocages, de limitations, de souffrance, d'échecs et d'attaques au niveau de la tête (perte d'intelligence, perte de mémoire, maux de tête, etc.).

Ils le revêtirent de pourpre, et posèrent sur sa tête une couronne d'épines, qu'ils avaient tressée. Marc 15 : 17

- 5ème effusion de sang : le sang qui a coulé des mains clouées à la croix ; les mains de Jésus-Christ ont été percées pour que le travail de l'homme soit béni : excellence dans la production, richesse, guérison des malades, bénir, élever notre Dieu etc.

Actes 5 : 12 Beaucoup de miracles et de prodiges se faisaient au milieu du peuple par les mains des apôtres.

- 6ème effusion de sang : le sang qui a coulé des pieds cloués à la croix ; représentent un moyen de transport accessible à tous, et une force qui nous permet de mettre en exécution notre désir d'aller vers les autres.

Mettez comme chaussures à vos pieds le zèle pour annoncer l'Evangile de paix. Ephésiens 6 : 15

Et comment y aura-t-il des prédicateurs, s'ils ne sont pas envoyés ? Selon qu'il est écrit : Qu'ils sont beaux les pieds de ceux qui annoncent la paix, De ceux qui annoncent de bonnes nouvelles ! Romains 10 : 15

- 7ème effusion de sang : le sang et l'eau qui ont coulé du côté percé de Jésus ; pour nous redonner la vie que nous avions perdue en Éden. Cette vie qui nous guérit aussi de nos blessures émotionnelles et spirituelles.

Jésus avait déjà rendu l'Esprit quand un des soldats lui perça le côté avec une lance, et aussitôt il sortit du sang et de l'eau. Jean 19 : 34

Je vous rappelle, frères et sœurs, l'Evangile que je vous ai annoncé, que vous avez reçu et dans lequel vous tenez ferme. C'est aussi par lui que vous êtes sauvés si vous le retenez dans les termes où je vous l'ai annoncé ; autrement, votre foi aurait été inutile.

Je vous ai transmis avant tout le message que j'avais moi aussi reçu : Christ est mort pour nos péchés, conformément aux Ecritures ; il a été enseveli et il est ressuscité le troisième jour, conformément aux Ecritures. 1 Corinthiens 15 : 1-4

Soyez sobres, veillez. Votre adversaire, le diable, rôde comme un lion rugissant, cherchant qui il dévorera.
1 Pierre 5 : 8

C'est à ce moment précis où nous sommes faibles, au bout du rouleau que nous sommes forts par notre Père. Au lieu de subir l'épreuve, regardons-la en face en nous fiant à la parole de notre Père qui correspond à notre saison.

Il est essentiel de garder à l'esprit une question : **Papa, que veux-tu m'apprendre dans cette épreuve ?** Cela finira par booster ma foi en toi, m'apportera ta paix. J'en sortirai sûrement plus grand. Tu seras l'objet de mes louanges. Psaume 119 : 36

Maintenant !

Dans une atmosphère d'adoration, de louange et de méditation, conduits par le Saint Esprit, acceptons et déclarons sciemment avec conviction la vérité de la parole de Dieu. Eprouvons la vérité de ce que nous affirmons, déclenchons ainsi la vérité éternelle, inoubliable de la parole de notre Père.

Je vous le dis en vérité, si quelqu'un dit à cette montagne : Ote-toi de là et jette-toi dans la mer, et s'il ne doute point en son cœur, mais croit que ce qu'il dit arrive, il le verra s'accomplir. Marc 11 : 23

Dites à l'intérieur de vous ou déclarez à haute voix :

Portes, élevez vos linteaux ; Élevez-vous, portes éternelles ! Que le roi de gloire fasse son entrée !

Psaume 24 : 7

Mon âme, ma bouche, les ossements desséchés, les soucis, les infirmités, les problèmes, les pensées, le caractère, la peur, les maladies…

Ecoutez la Parole de mon Père, Aussi vrai que l'Eternel, mon Dieu, est vivant, je déclare !

Ne nous induis pas en tentation,
mais délivre-nous du malin

Ne nous induis pas en tentation,
mais délivre-nous du malin

Le combat spirituel

Ne nous induis pas en tentation,
mais délivre-nous du malin

Le combat spirituel

SUR TA PAROLE ! **Ephésiens 2 : 6** …il nous a ressuscité ensemble, et nous a fait asseoir ensemble dans les lieux célestes en Jésus-Christ….

Notre Dieu, notre Père, tu nous as ressuscités ensemble, et tu nous as fait asseoir ensemble dans les lieux célestes en Jésus-Christ.

SUR TA PAROLE ! **Romains 16 : 20** Le Dieu qui donne la paix ne tardera pas à écraser Satan sous vos pieds. Que la grâce de notre Seigneur Jésus soit avec vous !

Notre Dieu, toi qui donnes la paix, tu ne tarderas pas à écraser Satan sous nos pieds. Ta grâce Seigneur Jésus est avec nous !

SUR TA PAROLE ! **Hébreux 12 : 24** … Jésus qui est le médiateur de la nouvelle alliance, et du sang de l'aspersion qui parle mieux que celui d'Abel.

Jésus tu es le médiateur de la nouvelle alliance, et ton sang (de l'aspersion) parle mieux que celui d'Abel.

SUR TA PAROLE ! **Colossiens 2 : 14-15** Il a effacé l'acte dont les ordonnances nous condamnaient et qui subsistait contre nous, et il l'a détruit en le clouant à la croix ; il a dépouillé les dominations et les autorités, et les a livrées publiquement en spectacle, en triomphant d'elles par la croix.

Tu as effacé l'acte dont les ordonnances nous condamnaient et qui subsistait contre nous, et Jésus tu l'as détruit en le clouant à la croix ; tu as dépouillé les dominations et les autorités, et tu les as livrées publiquement en spectacle, en triomphant d'elles par la croix.

SUR TA PAROLE ! **2 Corinthiens 10 : 5** Nous renversons les raisonnements et toute hauteur qui s'élève contre la connaissance de Dieu, et nous amenons toute pensée captive à l'obéissance de Christ.

Nous renversons les raisonnements et toute hauteur qui s'élève contre ta connaissance notre Dieu, et nous amenons toute pensée captive à l'obéissance de Christ.

SUR TA PAROLE ! **Éphésiens 6 : 11** …Revêtez-vous de toutes les armes de Dieu, afin de pouvoir tenir ferme contre les ruses du diable.

Nous nous revêtons de toutes les armes de Dieu et nous tenons ferme contre les ruses du diable.

SUR TA PAROLE ! **Éphésiens 6 : 13-17** C'est pourquoi, prenez toutes les armes de Dieu afin de pouvoir résister dans le jour mauvais et tenir ferme après avoir tout surmonté. Tenez donc ferme : ayez autour de votre taille la vérité en guise de ceinture ; enfilez la cuirasse de la justice ; mettez comme chaussures à vos pieds le zèle pour annoncer l'Evangile de paix ; prenez en toute circonstance le bouclier de la foi, avec lequel vous pourrez éteindre toutes les flèches enflammées du mal ; faites aussi bon accueil au casque du salut et à l'épée de l'Esprit, c'est-à-dire la parole de Dieu.

Nous prenons toutes les armes afin de pouvoir résister dans le jour mauvais et tenir ferme après avoir tout surmonté. Nous tenons ferme : nous avons autour de notre taille la vérité en guise de ceinture ; nous enfilons la cuirasse de la justice ; nous mettons comme chaussures à nos pieds le zèle pour annoncer l'Evangile de paix ;

Nous prenons en toute circonstance le bouclier de la foi, avec lequel nous pouvons éteindre toutes les flèches enflammées du mal ; nous faisons bon accueil au casque du salut et à l'épée de l'Esprit, c'est-à-dire ta parole notre Dieu.

SUR TA PAROLE ! **Jacques 4 : 7** Soumettez-vous donc à Dieu, résistez au diable, et il fuira loin de vous.

Nous nous soumettons à toi notre Dieu, nous résistons au diable, et il fuit loin de nous.

SUR TA PAROLE ! **Nombres 23 : 23** La magie ne peut rien contre Jacob, ni la divination contre Israël. Au moment fixé, il sera dit à Jacob et à Israël ce que Dieu a fait.

La magie ne peut rien contre nous (Jacob), ni la divination contre nous (Israël). Aujourd'hui, nous te rendons Gloire de ce que tu as fait notre Dieu.

SUR TA PAROLE ! **Psaume 60 : 14** Mais avec Dieu nous ferons des exploits, c'est lui qui écrasera tous nos adversaires !

Avec toi notre Dieu nous ferons des exploits, c'est toi qui écrases tous nos adversaires !

SUR TA PAROLE ! **1 Samuel 12 : 22** L'Eternel n'abandonnera pas son peuple, et ce à cause de son grand nom, car il a décidé de faire de vous son peuple.

Eternel tu ne nous abandonneras pas, et ce à cause de ton grand nom, car tu as décidé de faire de nous ton peuple par Jésus.

SUR TA PAROLE ! **Jean 14 : 14** Si vous demandez quelque chose en mon nom, je le ferai.

Nous demandons en ton nom Jésus, nous croyons que tu le fais.

SUR TA PAROLE ! **Matthieu 28 : 18** Jésus s'approcha et leur dit : « Tout pouvoir m'a été donné dans le ciel et sur la terre.

Jésus tu t'approches et tu nous dis : « Tout pouvoir m'a été donné dans le ciel et sur la terre. »

SUR TA PAROLE ! **Marc 11 : 24** C'est pourquoi je vous le dis : tout ce que vous demanderez en priant, croyez que vous l'avez reçu et cela vous sera accordé.

C'est pourquoi tu nous dis que tout ce que nous demandons en priant, croyons que nous l'avons reçu et cela nous sera accordé.

SUR TA PAROLE ! **Marc 9 : 23** Jésus lui dit : « Si tu peux ! Tout est possible à celui qui croit. »

Jésus tu nous dis : « Si je peux ! Tout est possible si vous croyez. »

SUR TA PAROLE ! **Luc 10 : 19** Voici, je vous ai donné le pouvoir de marcher sur les serpents et les scorpions et sur toute la puissance de l'ennemi, et rien ne pourra vous nuire.

Voici, tu nous as donné le pouvoir de marcher sur les serpents et les scorpions et sur toute la puissance de l'ennemi, et rien ne pourra nous nuire.

SUR TA PAROLE ! **Matthieu 18 : 18** Je vous le dis en vérité, tout ce que vous lierez sur la terre aura été lié au ciel et tout ce que vous délierez sur la terre aura été délié au ciel.

Tu nous dis en vérité, tout ce que nous lierons sur la terre aura été lié au ciel et tout ce que nous délions sur la terre aura été délié au ciel.

SUR TA PAROLE ! **Matthieu 18 : 19** Je vous dis encore que si deux d'entre vous s'accordent sur la terre pour demander quoi que ce soit, cela leur sera accordé par mon Père céleste.

Tu nous dis encore que si deux d'entre nous s'accordent sur la terre pour demander quoi que ce soit, cela nous sera accordé par notre Père céleste.

SUR TA PAROLE ! **Romains 13 : 12** …Débarrassons-nous de tout ce qui se fait dans les ténèbres, et revêtons-nous de l'armure de la lumière.

Nous nous débarrassons de tout ce qui se fait dans les ténèbres, et nous nous revêtons de l'armure de la lumière.

SUR TA PAROLE ! **1 Jean 1 : 7** Mais si nous marchons dans la lumière, tout comme Dieu lui-même est dans la lumière, nous sommes en communion les uns avec les autres et le sang de Jésus-Christ son Fils nous purifie de tout péché.

Nous marchons dans la lumière, tout comme toi notre Dieu tu es toi-même dans la lumière, nous sommes en communion les uns avec les autres et le sang de Jésus-Christ ton Fils nous purifie de tout péché.

SUR TA PAROLE ! **Romains 8 : 37** Mais dans tout cela nous sommes plus que vainqueurs par celui qui nous a aimés.

Dans tout cela nous sommes plus que vainqueurs par celui qui nous a aimés.

SUR TA PAROLE ! **Proverbes 16 : 7** Quand l'Éternel approuve les voies d'un homme, Il dispose favorablement à son égard même ses ennemis.

Éternel si tu approuves nos voies, tu disposes favorablement à notre égard même nos ennemis.

SUR TA PAROLE ! **Matthieu 5 : 44** Mais moi je vous dis : Aimez vos ennemis, bénissez ceux qui vous maudissent, faîtes du bien à ceux qui vous maltraitent et qui vous persécutent,

Nous aimons nos ennemis, nous bénissons ceux qui nous maudissent, nous faisons du bien à ceux qui nous maltraitent et nous persécutent,

SUR TA PAROLE ! **1 Thessaloniciens 5 : 8** Mais nous qui sommes enfants du jour, soyons sobres : revêtons-nous de la cuirasse de la foi et de l'amour, et mettons le casque de l'espérance du salut.

En tant qu'enfants du jour, nous sommes sobres : nous nous revêtons de la cuirasse de la foi et de l'amour, et nous mettons le casque de l'espérance du salut.

SUR TA PAROLE ! **Éphésiens 6 : 17** Prenez le salut pour casque et l'épée de l'Esprit, c'est-à-dire la Parole de Dieu.

Nous prenons le salut pour casque et l'épée de l'Esprit, c'est-à-dire ta Parole notre Dieu.

SUR TA PAROLE ! **Romains 6 : 22** Mais maintenant, affranchis du péché et devenus esclaves de Dieu, le fruit que vous portez, c'est une vie sainte, et le résultat auquel vous aboutissez, c'est la vie éternelle.

Maintenant, nous sommes affranchis du péché, devenus esclaves de Dieu, le fruit que nous portons, c'est une vie sainte, et le résultat auquel nous aboutissons, c'est la vie éternelle.

SUR TA PAROLE ! **Hébreux 13 : 12** C'est pour cela que Jésus aussi, afin de sanctifier le peuple par son propre sang, a souffert hors de la porte.

C'est pour cela Jésus que toi aussi, tu nous as sanctifiés par ton propre sang, tu as souffert hors de la porte.

SUR TA PAROLE ! **Ésaïe 30 : 15** C'est dans la tranquillité et le repos que sera votre salut, C'est dans le calme et la confiance que sera votre force.

C'est dans la tranquillité et le repos que sera notre salut, C'est dans le calme et la confiance que se trouve notre force.

SUR TA PAROLE ! **Psaume 23 : 4** Quand je marche dans la vallée de l'ombre de la mort, Je ne crains aucun mal, car tu es avec moi : Ta houlette et ton bâton me rassurent.

Lorsque nous marchons dans la vallée de l'ombre de la mort, nous ne craignons aucun mal, car tu es avec nous : Ta houlette et ton bâton nous rassurent.

SUR TA PAROLE ! **Deutéronome 33 : 27** Le Dieu d'éternité est un refuge, il est depuis toujours un soutien ici-bas. Et il met devant toi l'ennemi en déroute,

Notre Dieu, toi le Dieu d'éternité tu es notre refuge, tu es depuis toujours notre soutien ici-bas. Et tu mets devant nous l'ennemi en déroute,

SUR TA PAROLE ! **Ésaïe 43 : 2-3** Quand tu passeras par les eaux, je serai avec toi, quand tu traverseras les fleuves, ils ne te submergeront pas, quand tu marcheras dans le feu, il ne te fera pas de mal et tu ne seras pas brûlé, puisque moi, l'Eternel, je suis ton Dieu, le Saint d'Israël, ton Sauveur.

Si nous devons passer par les eaux, tu es avec nous, si nous traversons les fleuves, ils ne nous submergent pas, si nous marchons dans le feu, il ne nous fait pas de mal et nous sommes pas brûlés, puisque toi, Eternel, tu es notre Dieu, le Saint d'Israël, notre Sauveur.

SUR TA PAROLE ! **Psaume 37 : 9** Car les méchants seront retranchés, Et ceux qui espèrent en l'Éternel posséderont le pays.

Les méchants sont retranchés, Et nous qui espérons en toi Éternel, nous possédons le pays.

SUR TA PAROLE ! **Apocalypse 19 : 11** … « Fidèle et Véritable ». Il juge avec équité, il combat pour la justice.

Tu es Fidèle et Véritable. Tu juges avec équité, tu combats pour la justice.

SUR TA PAROLE ! **Proverbes 22 : 12** Les yeux de l'Eternel veillent sur la connaissance, mais il s'oppose aux propos du traître.

Eternel, tes yeux veillent sur la connaissance, mais tu t'opposes aux propos du traître.

SUR TA PAROLE ! **Deutéronome 31 : 6** Prenez courage, tenez bon ! Ne craignez rien et ne vous laissez pas effrayer par eux, car l'Eternel votre Dieu marche lui-même avec vous, il ne vous délaissera pas et ne vous abandonnera pas.

Nous prenons courage, nous tenons bon ! Nous ne craignons rien et ne nous laissons pas effrayer, car Eternel notre Dieu tu marches toi-même avec nous, tu ne nous délaisses pas et tu ne nous abandonnes pas.

SUR TA PAROLE ! **Psaume 147 : 6** L'Eternel soutient les petits, mais il renverse les méchants et les abaisse jusqu'à terre.

Eternel, tu nous soutiens, tu renverses les méchants et tu les abaisses jusqu'à terre.

SUR TA PAROLE ! **Deutéronome 7 : 8** Mais c'est parce que l'Eternel vous aime et parce qu'il veut accomplir ce qu'il a promis par serment à vos ancêtres, c'est pour cela qu'il vous a arrachés avec puissance au pouvoir du pharaon, roi d'Egypte, et Qu'il vous a libérés de l'esclavage.

Eternel c'est parce que tu nous aimes et parce que tu veux accomplir ce que tu as promis par serment à nos ancêtres, c'est pour cela que tu nous as arrachés avec puissance au pouvoir du pharaon, roi d'Egypte, (du monde) et que tu nous as libérés de l'esclavage.

SUR TA PAROLE ! **Psaume 32 : 7** Tu es un abri pour moi, tu me gardes du danger. Autour de moi retentissent les chants de la délivrance.

Tu es un abri pour nous, tu nous gardes du danger. Autour de nous retentissent les chants de la délivrance.

SUR TA PAROLE ! **Apocalypse 12 : 10-11** Et j'entendis dans le ciel une voix forte qui disait : Maintenant le salut est arrivé, et la puissance, et le règne de notre Dieu, et l'autorité de son Christ ; car il a été précipité, l'accusateur de nos frères, celui qui les accusait devant notre Dieu jour et nuit. Ils l'ont vaincu à cause du sang de l'agneau et à cause de la parole de leur témoignage, et ils n'ont pas aimé leur vie jusqu'à craindre la mort.

Dans le ciel une voix forte disait : Maintenant le salut est arrivé, et la puissance, et le règne de notre Dieu, et l'autorité de son Christ ; car il a été précipité, l'accusateur de nos frères, celui qui les accusait devant notre Dieu jour et nuit. Ils l'ont vaincu à cause du sang de l'agneau et à cause de la parole de leur témoignage, et ils n'ont pas aimé leur vie jusqu'à craindre la mort.

Qu'il nous soit fait selon Ta Parole. **Je te fais confiance**

Ne nous induis pas en tentation,
mais délivre-nous du malin

Ne nous induis pas en tentation,
mais délivre-nous du malin

Guérisons

Ne nous induis pas en tentation,
mais délivre-nous du malin

Guérisons

SUR TA PAROLE ! **Psaume 34 : 20** Le malheur atteint souvent le juste, Mais l'Eternel l'en délivre toujours.

Le malheur nous atteint souvent mais Eternel, tu nous en délivres toujours.

SUR TA PAROLE ! **Deutéronome 7 : 15** L'Eternel éloignera de toi toute maladie. Il ne t'enverra aucune des mauvaises maladies d'Egypte que tu connais, mais il en frappera tous tes ennemis.

Eternel tu éloignes de nous toute maladie. Tu ne nous envoies aucune des mauvaises maladies d'Egypte (de ce monde) que nous connaissons, tu frappes tous nos ennemis.

SUR TA PAROLE ! **Luc 18 : 27** Jésus leur répondit : Ce qui est impossible aux hommes est possible à Dieu.

Jésus tu nous réponds en nous disant que ce qui est impossible aux hommes est possible à notre Dieu.

SUR TA PAROLE ! **Exode 15 : 26** Si tu écoutes attentivement l'Eternel, ton Dieu, si tu fais ce qui est droit à ses yeux, si tu prêtes l'oreille à ses commandements et si tu obéis à toutes ses prescriptions, je ne te frapperai d'aucune des maladies dont j'ai frappé les Egyptiens, car je suis l'Eternel, celui qui te guérit.

Nous t'écoutons attentivement Eternel, notre Dieu, nous faisons ce qui est droit à tes yeux, nous prêtons l'oreille à tes commandements et nous obéissons à toutes tes prescriptions, tu ne nous frappes d'aucune des maladies dont tu as frappé les Egyptiens (le monde), car tu es l'Eternel, celui qui nous guérit.

SUR TA PAROLE ! **Matthieu 19 : 26** Jésus les regarda et leur dit : Cela est impossible aux hommes ; mais à Dieu, tout est possible.

Jésus tu nous regardes et tu nous dis : Cela est impossible aux hommes ; mais à Dieu, tout est possible.

SUR TA PAROLE ! **Psaume 27 : 14** Attends-toi donc à l'Eternel ! Sois fort ! ᴵAffermis ton courage ! Oui, attends-toi à l'Eternel !

Nous nous attendons donc à toi Eternel ! Nous nous fortifions ! Nous affermissons notre courage ! Oui, nous nous attendons à toi Eternel !

SUR TA PAROLE ! **Psaume 30 : 2-3** Je te loue, ô Eternel, car tu m'as tiré du gouffre. Tu n'as pas permis que mes ennemis se réjouissent à mes dépens. Eternel, mon Dieu, je t'ai appelé à mon aide, et tu m'as guéri

Je te loue, ô Eternel, car tu m'as tiré du gouffre. Tu n'as pas permis que mes ennemis se réjouissent à mes dépens. Eternel, mon Dieu, je t'ai appelé à mon aide, et tu m'as guéri

SUR TA PAROLE ! **Psaume 91 : 5-6** Tu ne redouteras ni les terreurs de la nuit ni la flèche qui vole durant le jour, ni la peste qui rôde dans les ténèbres ni le fléau qui frappe en plein midi.

Nous ne redoutons ni les terreurs de la nuit ni la flèche qui vole durant le jour, ni la peste qui rôde dans les ténèbres ni le fléau qui frappe en plein midi.

SUR TA PAROLE ! **Psaume 103 : 2-3** Mon âme, bénis l'Éternel, Et n'oublie aucun de ses bienfaits ! C'est lui qui pardonne toutes tes iniquités, Qui guérit toutes tes maladies ;

Mon âme te bénit l'Éternel, Et n'oublie aucun de tes bienfaits ! C'est toi qui pardonne toutes mes iniquités, qui guérit toutes mes maladies;

SUR TA PAROLE ! **Psaume 118 : 17** Je ne mourrai pas, je vivrai, Et je raconterai les œuvres de l'Éternel.

Nous ne mourrons pas, nous vivrons, Et nous raconterons tes œuvres Éternel.

SUR TA PAROLE ! **Psaume 147 : 3** il guérit ceux qui ont le cœur brisé et panse leurs blessures.

Tu nous guéris lorsque nous avons le cœur brisé et tu panses nos blessures.

SUR TA PAROLE ! **Psaume 121 : 1-2** Je lève mes yeux vers les montagnes : d'où me viendra le secours ? Le secours me vient de l'Eternel, qui a fait le ciel et la terre.

Nous levons nos yeux vers les montagnes : d'où nous viendra le secours ? Le secours nous vient de toi l'Eternel, toi Eternel, toi qui as fait le ciel et la terre.

SUR TA PAROLE ! **Ésaïe 53 : 5** Mais lui, il était blessé à cause de nos transgressions, brisé à cause de nos fautes : la punition qui nous donne la paix est tombée sur lui, et c'est par ses blessures que nous sommes guéris.

Mais toi Jésus, tu as été blessé à cause de nos transgressions, brisé à cause de nos fautes : la punition qui nous donne la paix est tombée sur toi, et c'est par tes blessures que nous sommes guéris.

SUR TA PAROLE ! **Matthieu 8 : 17** Ainsi s'accomplit ce que le prophète Esaïe avait annoncé : Il a pris nos faiblesses et il s'est chargé de nos maladies.

Ainsi s'accomplit ce que le prophète Esaïe avait annoncé : Tu as pris nos faiblesses et tu t'es chargé de nos maladies.

SUR TA PAROLE ! **Proverbes 3 : 7-8** Ne te prends pas pour un sage, crains l'Eternel et détourne-toi du mal : cela apportera la guérison à ton corps et un rafraîchissement à tes os.

Nous ne nous prenons pas pour sage, nous te craignons Eternel et nous nous détournons du mal : cela apporte la guérison à notre corps et un rafraîchissement à nos os.

SUR TA PAROLE ! **Ésaïe 58 : 8** Alors ta lumière poindra comme l'aurore, Et ta guérison germera promptement ; Ta justice marchera devant toi, Et la gloire de l'Éternel t'accompagnera.

Alors notre lumière se lève comme l'aurore, Et notre guérison germe promptement ; Ta justice marche devant nous, Et ta gloire Éternel nous accompagne.

SUR TA PAROLE ! **Ésaïe 58 : 9** Alors tu appelleras et l'Eternel répondra, tu crieras et il dira : « Me voici !» Oui, si tu éloignes du milieu de toi la contrainte, les gestes menaçants et les paroles mauvaises,

Nous t'appelons Eternel et tu nous réponds, nous crions et tu nous dis : « Me voici !» Oui, nous éloignons du milieu de nous la contrainte, les gestes menaçants et les paroles mauvaises,

SUR TA PAROLE ! **Proverbes 3 : 24** Si tu te couches, tu n'auras rien à redouter et, quand tu seras couché, ton sommeil sera doux.

Quand nous nous couchons, nous n'avons rien à redouter et, quand nous sommes couchés, notre sommeil est doux.

SUR TA PAROLE ! **Jérémie 17 : 14** Guéris-moi, Eternel, et je serai guéri ! Sauve-moi et je serai sauvé, car tu es le sujet de ma louange.

Guéris-moi, Eternel, et je serai guéri ! Sauve-moi et je serai sauvé, car tu es le sujet de ma louange.

SUR TA PAROLE ! **Jérémie 30 : 16– 17** Cependant, tous ceux qui te dévorent seront dévorés, Et tous tes ennemis, tous, iront en captivité ; Ceux qui te dépouillent seront dépouillés, Et j'abandonnerai au pillage tous ceux qui te pillent. Mais je te guérirai, je panserai tes plaies, Dit l'Éternel. Car ils t'appellent la repoussée, Cette Sion dont nul ne prend souci.

Cependant, tous ceux qui nous dévorent seront dévorés, Et tous nos ennemis, tous, iront en captivité ; Ceux qui nous dépouillent seront dépouillés, Et tu abandonneras au pillage tous ceux qui nous pillent. Mais tu nous guéris, tu panses nos plaies, Éternel. Car ils nous appellent la (le) repoussée, Cette Sion dont nul ne prend souci.

SUR TA PAROLE ! **Matthieu 8 : 5-10** Alors que Jésus entrait dans Capernaüm, un officier romain l'aborda et le supplia en disant : « Seigneur, mon serviteur est couché à la maison, atteint de paralysie, et il souffre beaucoup. » Jésus lui dit : « J'irai et je le guérirai. » L'officier répondit : « Seigneur, je ne suis pas digne que tu entres sous mon toit, mais dis seulement un mot et mon serviteur sera guéri ».

Alors Jésus que tu entrais dans Capernaüm, un officier romain t'aborda et te supplia en disant : « Seigneur, mon serviteur est couché à la maison, atteint de paralysie, et il souffre beaucoup. » Jésus tu lui as dit : « J'irai et je le guérirai. »

Je m'identifie à l'officier, et je réponds : « Seigneur, je ne suis pas digne que tu entres sous mon toit, mais dis seulement un mot et moi ton serviteur je serai guéri.

SUR TA PAROLE ! **Luc 18 : 41-42** « Que veux-tu que je fasse pour toi ?» Il répondit : « Seigneur, que je retrouve la vue. » Jésus lui dit : « Retrouve la vue, ta foi t'a sauvé.»

« Que veux-tu que je fasse pour toi ?» Je réponds : « Seigneur, que mon problème (je le précise) trouve la solution adaptée.» Jésus, tu me dis que la solution est trouvée, ma foi me sauve.

SUR TA PAROLE ! **Proverbes 3 : 25** Ne redoute ni une terreur soudaine, Ni une attaque de la part des méchants ;

Nous ne redoutons ni une terreur soudaine, Ni une attaque de la part des méchants ;

SUR TA PAROLE ! **Jacques 5 : 14-15** Quelqu'un parmi vous est-il malade ? Qu'il appelle les anciens de l'Eglise, et que les anciens prient pour lui, en l'oignant d'huile au nom du Seigneur ; la prière de la foi sauvera le malade et le Seigneur le relèvera ; et s'il a commis des péchés, il lui sera pardonné.

Ta Parole nous dit : Quelqu'un est-il malade ? Qu'il appelle les anciens de l'Eglise, et que les anciens prient pour lui en l'oignant d'huile au nom du Seigneur. La prière de la foi sauve le malade et le Seigneur le relève. S'il a commis des péchés, il lui est pardonné.

Qu'il nous soit fait selon Ta Parole
Je te fais confiance

Ne nous induis pas en tentation,
mais délivre-nous du malin

Ne nous induis pas en tentation,
mais délivre-nous du malin

La victoire

Délivrance sur les tentations,

le malin, les épreuves

Les noms des esprits qui nous tourmentent :

Peur - Amertume - Jalousie - Colère -

Pensées impures - ... (liste non exhaustive)

Ne nous induis pas en tentation,
mais délivre-nous du malin

La victoire

Délivrance sur les tentations, le malin, les épreuves

Les noms des esprits qui nous tourmentent :

Peur - Amertume - Jalousie - Colère -

Pensées impures - ... (liste non exhaustive)

SUR TA PAROLE ! **2 Corinthiens 6 : 16** Car nous sommes le temple du Dieu vivant, comme Dieu l'a dit : J'habiterai et je marcherai au milieu d'eux ; je serai leur Dieu, et ils seront mon peuple.

Tu habites et tu marches au milieu de nous ; tu es notre Dieu, et nous sommes ton peuple.

SUR TA PAROLE ! **Éphésiens 1 : 7** En Christ, parce qu'il s'est offert en sacrifice, nous avons été délivrés et nous avons reçu le pardon de nos fautes. Dieu a ainsi manifesté sa grâce dans toute sa richesse,

En toi Christ, parce que tu t'es offert en sacrifice, nous avons été délivrés et nous avons reçu le pardon de nos fautes. Dieu a ainsi manifesté sa grâce dans toute sa richesse,

SUR TA PAROLE ! **Galates 3 : 13** Christ nous a rachetés de la malédiction de la loi en devenant malédiction pour nous,

Christ tu nous as rachetés de la malédiction de la loi en devenant malédiction pour nous,

SUR TA PAROLE ! **Luc 22 : 44** Étant en agonie, il priait plus instamment, et sa sueur devint comme des grumeaux de sang, qui tombaient à terre.

Étant en agonie, tu priais plus instamment, et ta sueur devint comme des grumeaux de sang, qui tombaient à terre (pour moi).

SUR TA PAROLE ! **Luc 22 : 20** Après le souper il prit de même la coupe et la leur donna en disant : « Cette coupe est la nouvelle alliance en mon sang qui est versé pour vous. »

Après le souper tu pris de même la coupe et tu la leur donnas en disant : « Cette coupe est la nouvelle alliance en mon sang qui est versé pour vous. » Ce sang est versé pour nous, …pour moi.

SUR TA PAROLE ! **Jean 19 : 34** mais, un des soldats lui perça le côté avec une lance, et aussitôt il sortit du sang et de l'eau.

Un des soldats te perça le côté avec une lance, et aussitôt il sortit du sang et de l'eau (pour moi).

SUR TA PAROLE ! **Jean 6 : 53-57** Jésus leur dit : En vérité, en vérité, je vous le dis, si vous ne mangez la chair du Fils de l'homme, et si vous ne buvez son sang, vous n'avez point la vie en vous-mêmes. Celui qui mange ma chair et qui boit mon sang a la vie éternelle ; et je le ressusciterai au dernier jour. Car ma chair est vraiment une nourriture, et mon sang est vraiment un breuvage. Celui qui mange ma chair et qui boit mon sang demeure en moi, et je demeure en lui. Comme le Père qui est vivant m'a envoyé, et que je vis par le Père, ainsi celui qui me mange vivra par moi.

Jésus tu nous le dis, en vérité, en vérité, si nous ne mangeons pas la chair du Fils de l'homme, et si nous ne buvons pas son sang, nous n'avons point la vie en nous mêmes. Celui qui mange ta chair et qui boit ton sang a la vie éternelle ; et tu le ressusciteras au dernier jour. Car ta chair est vraiment une nourriture, et ton sang est vraiment un breuvage.

Nous mangeons ta chair et nous buvons ton sang et nous demeurons en toi, et tu demeures en nous. Comme le Père qui est vivant t'a envoyé, et que tu vis par le Père, ainsi celui qui te mange vivra par toi. Nous te mangeons et nous vivons par toi.

SUR TA PAROLE ! **Jean 10 : 10** Le voleur ne vient que pour voler, égorger et détruire ; moi, je suis venu afin que les brebis aient la vie et qu'elles l'aient en abondance.

Tu es venu afin que nous les brebis, ayons la vie en abondance.

SUR TA PAROLE ! **Romains 8 : 1-2** Maintenant donc, il n'y a plus de condamnation pour ceux qui sont unis à Jésus-Christ.

Maintenant il n'y a plus de condamnation pour nous qui sommes unis à toi Jésus-Christ.

SUR TA PAROLE ! **Romains 8 : 11** Et si l'Esprit de celui qui a ressuscité Jésus habite en vous, celui qui a ressuscité Christ rendra aussi la vie à votre corps mortel par son Esprit qui habite en vous.

Le Saint-Esprit qui a ressuscité Jésus habite en nous, celui qui a ressuscité Christ rend aussi la vie à notre corps mortel par son Esprit qui habite en nous.

SUR TA PAROLE ! **Job 11 : 17** Ta vie sera plus claire que le soleil en plein midi, l'obscurité luira comme une aurore.

Notre vie est plus claire que le soleil en plein midi, l'obscurité luit comme une aurore.

SUR TA PAROLE ! **Psaume 112 : 4-10** La lumière se lève dans les ténèbres pour les hommes droits, pour celui qui fait preuve de grâce, de compassion et de justice. Il est bon que l'homme fasse grâce et qu'il prête, qu'il règle ses affaires conformément au droit, car il ne sera jamais ébranlé ; on se souviendra toujours du juste. Il ne redoute pas les mauvaises nouvelles, son cœur est ferme, plein de confiance dans l'Eternel. Son cœur est affermi, il n'éprouve aucune crainte, au point qu'il regarde ses adversaires en face. Il distribue ses bienfaits, il donne aux pauvres, sa justice subsiste à toujours, il relève la tête avec gloire. Le méchant le voit et s'irrite, il grince des dents et perd courage. Les désirs des méchants sont réduits à néant.

La lumière se lève dans les ténèbres pour nous les hommes droits, pour nous qui faisons preuve de grâce, de compassion et de justice. Il nous est bon de faire grâce et de prêter, de régler nos affaires conformément au droit,

car nous ne serons jamais ébranlés ; on se souviendra toujours de nous en tant que justes. (justifiés par le sang) Nous ne redoutons pas les mauvaises nouvelles, notre cœur est ferme, plein de confiance en toi Eternel. Notre cœur est affermi, nous n'éprouvons aucune crainte, au point de regarder nos adversaires en face. Nous distribuons nos bienfaits, nous donnons aux pauvres, notre justice subsiste à toujours, nous relevons la tête avec gloire. Le méchant le voit et s'irrite, il grince des dents et perd courage. Les désirs des méchants sont réduits à néant.

SUR TA PAROLE ! **1 Jean 1 : 7** Mais si nous marchons dans la lumière, tout comme Dieu lui-même est dans la lumière, nous sommes en communion les uns avec les autres et le sang de Jésus-Christ son Fils nous purifie de tout péché.

Nous marchons dans la lumière, tout comme toi notre Dieu tu es toi-même dans la lumière, nous sommes en communion les uns avec les autres et le sang de Jésus-Christ ton Fils nous purifie de tout péché.

SUR TA PAROLE ! **1 Corinthiens 15 : 57** Mais loué soit Dieu qui nous donne la victoire par notre Seigneur Jésus-Christ.

Loué sois-tu notre Dieu, tu nous donnes la victoire par notre Seigneur Jésus-Christ.

SUR TA PAROLE ! **Psaume 40 : 3** Il m'a retiré de la fosse de destruction, du fond de la boue, et il a établi mes pieds sur le rocher, il a affermi mes pas.

Tu nous as retirés de la fosse de destruction, du fond de la boue, et tu as établi nos pieds sur le rocher, tu as affermi nos pas.

SUR TA PAROLE ! **Exode 33 : 14** Je marcherai moi-même avec toi, et je te donnerai une existence paisible. Tu marches toi-même avec nous, et tu nous donnes une existence paisible.

SUR TA PAROLE ! **1 Corinthiens 14 : 33** Dieu, en effet, n'est pas un Dieu de désordre, mais de paix.

Notre Dieu, en effet, tu n'es pas un Dieu de désordre, mais de paix.

SUR TA PAROLE ! **1 Jean 4 : 4** Vous, mes enfants, vous appartenez à Dieu et vous avez la victoire sur ces prophètes de mensonge, car celui qui est en vous est plus puissant que celui qui inspire ce monde.

Nous, tes enfants, t'appartenons notre Dieu et avons la victoire sur les prophètes de mensonge, car celui qui est en nous est plus puissant que celui qui inspire ce monde.

SUR TA PAROLE ! **Psaume 81 : 2** Chantez avec allégresse vers Dieu, notre force, poussez des cris de joie vers le Dieu de Jacob !

Nous chantons avec allégresse vers toi notre Dieu, toi notre force, nous poussons des cris de joie vers le Dieu de Jacob !

SUR TA PAROLE ! **Psaume 46 : 11** …reconnaissez-moi pour Dieu. Je triomphe des nations, je triomphe sur la terre.

Nous te reconnaissons pour Dieu. Tu triomphes des nations, tu triomphes sur la terre.

SUR TA PAROLE ! **Job 11 : 16** Tu oublieras tes souffrances, Tu t'en souviendras comme des eaux écoulées.

Nous oublions nos souffrances, nous nous en souvenons comme des eaux écoulées.

SUR TA PAROLE ! **Hébreux 2 : 18** En effet, comme il a souffert lui-même lorsqu'il a été tenté, il peut secourir ceux qui sont tentés.

Tu as souffert toi-même lorsque tu as été tenté. Tu peux donc nous secourir lorsque nous sommes tentés.

SUR TA PAROLE ! **Jacques 1 : 12** Heureux l'homme qui tient ferme face à la tentation, car après avoir fait ses preuves, il recevra la couronne du vainqueur : la vie que Dieu a promise à ceux qui l'aiment.

Nous sommes heureux nous qui tenons ferme face à la tentation, car après avoir fait nos preuves, nous recevrons la couronne du vainqueur : la vie que Dieu nous a promise à nous qui l'aimons.

SUR TA PAROLE ! **2 Pierre 2 : 9** Ainsi le Seigneur sait comment délivrer de l'épreuve ceux qui lui sont attachés, et réserver ceux qui font le mal pour le jour du jugement où ils seront châtiés.

Seigneur tu sais nous délivrer de l'épreuve, nous qui te sommes attachés,

SUR TA PAROLE ! **Colossiens 1 : 13** Il nous a arrachés au pouvoir des ténèbres et nous a fait passer dans le royaume de son Fils bien-aimé.

Tu nous as arrachés au pouvoir des ténèbres et tu nous as fait passer dans le royaume de ton Fils bien-aimé.

SUR TA PAROLE ! **Job 11 : 18** Tu reprendras confiance car l'espoir renaîtra. Et tu regarderas autour de toi, tu vivras tout à fait tranquille, et tu te coucheras sans que nul ne te trouble.

Nous reprenons confiance, l'espoir renaît. Et nous regardons autour de nous, nous vivons tout à fait tranquilles, et nous nous couchons sans que nul ne nous trouble.

SUR TA PAROLE ! **2 Corinthiens 5 : 21** Celui qui était innocent de tout péché, Dieu l'a condamné comme un pécheur à notre place pour que, dans l'union avec le Christ, nous soyons justes aux yeux de Dieu

Tu étais innocent de tout péché, Dieu t'a condamné comme un pécheur à notre place pour que, dans l'union avec toi Christ, nous soyons justes aux yeux de notre Dieu notre Père.

SUR TA PAROLE ! **Job 11 : 15** …alors tu lèveras la tête sans avoir honte, tu tiendras ferme et tu ne craindras rien.

Nous levons la tête sans avoir honte, nous tenons ferme et nous ne craignons rien.

SUR TA PAROLE ! **1 Jean 5 : 4-5** …car tout ce qui est né de Dieu triomphe du monde, et la victoire qui triomphe du monde, c'est notre foi.

Nous sommes nés de Dieu, nous triomphons du monde, et la victoire qui triomphe du monde, c'est notre foi.

SUR TA PAROLE ! **Jacques 3 : 18** Ceux qui travaillent à la paix sèment dans la paix une semence qui aura pour fruit ce qui est juste.

Nous semons dans la paix une semence qui aura pour fruit ce qui est juste.

SUR TA PAROLE ! **Job 11 : 20** Mais les yeux des méchants finiront par s'éteindre. Leur refuge fera défaut, leur seul espoir sera de rendre l'âme.

Les yeux des méchants finiront par s'éteindre. Leur refuge fera défaut,

SUR TA PAROLE ! **Psaume 30 : 12-13** Tu as transformé mes pleurs en une danse de joie, et tu as ôté mes habits de deuil pour me revêtir d'un habit de fête, afin que, de tout mon cœur, et sans me lasser, je te chante. Eternel, mon Dieu, je te louerai à jamais.

Tu as transformé nos pleurs en une danse de joie, et tu as ôté nos habits de deuil pour nous revêtir d'un habit de fête, afin que, de tout notre cœur, et sans nous lasser, nous te chantions. Eternel, notre Dieu, nous te louerons à jamais.

SUR TA PAROLE ! **Psaume 149 : 3** Qu'ils le louent par des danses, qu'ils le célèbrent avec le tambourin et avec la cithare !

Nous te louons par des danses, nous te célébrons avec le tambourin et avec la cithare !

SUR TA PAROLE ! **Sophonie 3 : 17** L'Eternel, ton Dieu, est au milieu de toi, comme un héros qui sauve ; Il fera de toi sa plus grande joie ; Il gardera le silence dans son amour, Il aura pour toi des transports d'allégresse,

Eternel notre Dieu tu es au milieu de nous comme un héros qui sauve : tu fais de nous ta plus grande joie ; Tu gardes le silence dans ton amour, Tu as pour nous des transports d'allégresse,

SUR TA PAROLE ! **Ésaïe 12 : 6** Poussez des cris de joie, exultez d'allégresse, habitants de Sion ! Car, au milieu de vous, il est très grand, lui, le Saint d'Israël.

Nous poussons des cris de joie, Nous exultons d'allégresse ! Car, au milieu de nous, tu es très grand, toi, le Saint d'Israël.

SUR TA PAROLE ! **Exode 15 : 2** L'Eternel est ma force, il est le sujet de mes chants, il m'a sauvé, il est mon Dieu, je le louerai et je l'exalterai, lui, le Dieu de mon père.

Eternel tu es notre force, tu es le sujet de nos chants, tu nous as sauvés, tu es notre Dieu, nous te louons et nous t'exaltons, toi, le Dieu de nos pères.

SUR TA PAROLE ! **Psaumes 47 : 2-3** Vous, tous les peuples, battez des mains ! Poussez vers Dieu des cris de joie ! Car l'Eternel, lui, le Très-Haut, est redoutable, C'est le grand Roi du monde entier.

Nous battons des mains ! Nous poussons vers toi notre Dieu des cris de joie ! Car Eternel, toi, le Très-Haut, tu es redoutable, tu es le grand Roi du monde entier.

SUR TA PAROLE ! **Ésaïe 65 : 18** « Réjouissez-vous plutôt et soyez à toujours tout remplis d'allégresse à cause de ce que je crée.

Nous nous réjouissons et nous sommes à toujours remplis d'allégresse à cause de ce que tu crées.

SUR TA PAROLE ! **1 Corinthiens 15 : 54** Lorsque ce corps corruptible aura revêtu l'incorruptibilité et que ce corps mortel aura revêtu l'immortalité, alors se trouvera réalisée cette parole de l'Ecriture : La victoire totale sur la mort a été remportée.

Lorsque notre corps corruptible aura revêtu l'incorruptibilité et que notre corps mortel aura revêtu l'immortalité, alors se trouvera réalisée cette parole de l'Ecriture : La victoire totale sur la mort a été remportée.

SUR TA PAROLE ! **Jacques 5 : 11** Oui, nous disons bienheureux ceux qui ont tenu bon. Vous avez entendu comment Job a supporté la souffrance. Vous savez ce que le Seigneur a finalement fait en sa faveur, parce que le Seigneur est plein de bonté et de compassion.

Oui, nous nous disons bienheureux nous qui tenons bon. Nous avons entendu comment Job a supporté la souffrance. Nous savons ce que Seigneur tu as finalement fait en sa faveur, parce que, Seigneur tu es plein de bonté et de compassion.

SUR TA PAROLE ! **Psaume 92 : 5** Tu me réjouis par ce que tu accomplis, Éternel, et je chante avec allégresse les œuvres de tes mains.

Eternel tu nous réjouis par ce que tu accomplis, et nous chantons avec allégresse les œuvres de tes mains.

SUR TA PAROLE ! **Apocalypse 7 : 16-17** Ils ne connaîtront plus ni la faim, ni la soif ; ils ne souffriront plus des ardeurs du soleil, ni d'aucune chaleur brûlante. Car l'Agneau qui est au milieu du trône prendra soin d'eux comme un berger, il les conduira vers les sources d'eaux vives, et Dieu lui-même essuiera toute larme de leurs yeux.

Nous ne connaîtrons plus ni la faim, ni la soif ; nous ne souffrirons plus des ardeurs du soleil, ni d'aucune chaleur brûlante. Car toi, l'Agneau qui est au milieu du trône tu prends soin de nous comme un berger, tu nous conduis vers les sources d'eaux vives, et notre Dieu tu essuieras toi-même toute larme de nos yeux.

Qu'il nous soit fait selon Ta Parole

Je te fais confiance

Ne nous induis pas en tentation,
mais délivre-nous du malin

Protection – Sécurité

Ne nous induis pas en tentation,
mais délivre-nous du malin

Protection – Sécurité

SUR TA PAROLE ! **Psaume 31 : 24** Aimez le Seigneur, vous tous ses fidèles, car le Seigneur veille sur ceux qui croient en lui. Quant aux arrogants, il leur rend largement la monnaie de leur pièce.

Seigneur nous t'aimons, nous tous tes fidèles, et tu veilles sur nous qui croyons en toi. Nous ne sommes pas arrogants.

SUR TA PAROLE ! **Psaume 91 :14** Puisqu'il m'aime, je le délivrerai ; Je le protégerai, puisqu'il connaît mon nom.

Puisque nous t'aimons notre Dieu, tu nous délivres ; tu nous protèges, puisque nous connaissons ton nom.

SUR TA PAROLE ! **Jean 10 : 27-29** Mes brebis entendent ma voix ; je les connais, et elles me suivent. Je leur donne la vie éternelle ; et elles ne périront jamais, et personne ne les ravira de ma main.

Nous sommes tes brebis qui entendons ta voix ; tu nous connais, et nous te suivons. Tu nous as donné la vie éternelle ; et nous ne périrons jamais, et personne ne nous ravira de ta main.

SUR TA PAROLE ! **Psaume 20 : 2** Que le nom du Dieu de Jacob te protège !

Le nom du Dieu de Jacob nous protège !

SUR TA PAROLE ! **Actes 4 : 12** …il n'y a sous le ciel aucun autre nom qui ait été donné parmi les hommes, par lequel nous devions être sauvés.

Notre Dieu, notre Père, tu ne nous as donné aucun autre nom que celui de Jésus parmi les hommes, par lequel nous devions être sauvés.

SUR TA PAROLE ! **Exode 34 : 9** Ah ! Seigneur, s'il est vrai que j'ai obtenu ta faveur, je t'en prie, Seigneur, marche au milieu de nous. Oui, je sais que c'est un peuple rebelle, mais veuille pardonner nos fautes et nos péchés et accepter que nous t'appartenions !

Seigneur, il est vrai que par Jésus, nous avons obtenu ta faveur, et tu marches au milieu de nous. Oui, nous savons que nous sommes un peuple rebelle, mais tu as pardonné nos fautes et nos péchés et tu as accepté que nous t'appartenions!

SUR TA PAROLE ! **Psaume 20 : 3** du sanctuaire il t'envoie du secours, Que de Sion il te soutienne !

Du sanctuaire tu nous envoies du secours, et de Sion tu nous soutiens !

SUR TA PAROLE ! **2 Samuel 22 : 2** Il dit : L'Éternel est mon rocher, ma forteresse, mon libérateur.

Éternel tu es notre rocher, notre forteresse, notre libérateur.

SUR TA PAROLE ! **Psaume 16 : 8** Je garde constamment les yeux fixés sur l'Eternel. Puisqu'il est près de moi, rien ne peut m'ébranler.

Nous gardons constamment nos yeux fixés sur toi Eternel. Puisque tu es près de nous, rien ne peut nous ébranler.

SUR TA PAROLE ! **Psaume 23 :1-2** L'Éternel est mon berger : je ne manquerai de rien. Il me fait reposer dans de verts pâturages, Il me dirige près des eaux paisibles.

Éternel tu es notre berger : nous ne manquons de rien. Tu nous fais reposer dans de verts pâturages, tu nous diriges près des eaux paisibles.

SUR TA PAROLE ! **Exode 23 : 27** J'enverrai ma terreur devant toi, je mettrai en déroute tous les peuples chez lesquels tu arriveras et je mettrai tous tes ennemis en fuite devant toi ;

Tu envoies ta terreur devant nous, tu mets en déroute tous les peuples chez lesquels nous arrivons et tu mets tous nos ennemis en fuite devant nous.

SUR TA PAROLE ! **Psaume 4 : 9** Dans la paix, je me couche et m'endors aussitôt ; grâce à toi seul, ô Eternel, je demeure en sécurité.

Dans la paix, nous nous couchons et nous dormons aussitôt ; grâce à toi seul, ô Eternel, nous demeurons en sécurité.

SUR TA PAROLE ! **Psaume 37 : 23-24** Lorsque la conduite de quelqu'un lui plaît, l'Eternel lui donne d'affermir sa marche dans la vie. Il peut trébucher, cependant jamais il ne tombera : l'Eternel le tient par la main.

Lorsque notre conduite te plaît Eternel, tu affermis notre marche dans la vie. Nous pouvons trébucher, cependant jamais nous ne tombons : Eternel tu nous tiens par la main.

SUR TA PAROLE ! **Psaume 145 : 20** L'Eternel garde tous ceux qui l'aiment, il détruit les méchants.

Eternel tu nous gardes nous qui t'aimons, tu détruis les méchants.

SUR TA PAROLE ! **Proverbes 10 : 9** Celui qui vit dans l'intégrité marche en sécurité. Celui qui suit des voies tortueuses sera vite démasqué.

Nous vivons dans l'intégrité, nous marchons en sécurité. Nous ne suivons pas des voies tortueuses.

SUR TA PAROLE ! **Psaume 16 : 5** L'Eternel est ma part et la coupe où je bois. Tu garantis la part que j'ai reçue.

Eternel tu es notre part et la coupe où nous buvons. Tu garantis la part que nous avons reçue.

SUR TA PAROLE ! **Luc 22 : 20** Après le souper il prit de même la coupe et la leur donna en disant : «Cette coupe est la nouvelle alliance en mon sang qui est versé pour vous.»

Après le souper tu pris de même la coupe et tu la leur donnas en disant : « Cette coupe est la nouvelle alliance en mon sang qui est versé pour vous. » Ce sang est versé pour nous, …pour moi.

SUR TA PAROLE ! **Hébreux 13 : 6** Aussi pouvons-nous dire avec assurance : Le Seigneur vient à mon secours, je n'aurai pas de crainte. Que pourraient me faire les hommes ?

Nous pouvons dire avec assurance : Seigneur tu viens à notre secours, nous n'avons pas de crainte. Que pourraient nous faire les hommes ?

SUR TA PAROLE ! **Psaume 91 : 1** Celui qui demeure sous l'abri du Très Haut repose à l'ombre du Tout Puissant.

Nous demeurons sous l'abri du Très Haut. Nous reposons à l'ombre du Tout Puissant.

SUR TA PAROLE ! **Psaume 73 : 23** Mais je suis toujours avec toi, et tu m'as saisi la main droite,

Tu es toujours avec nous, et tu nous as saisi la main droite,

SUR TA PAROLE ! **1 Pierre 3 : 13** D'ailleurs, qui vous fera du mal si vous vous appliquez avec zèle à faire ce qui est bien ?

D'ailleurs, nous nous appliquons avec zèle à faire ce qui est bien, qui nous fera du mal ?

SUR TA PAROLE ! **Ésaïe 32 : 18** Mon peuple demeurera dans le séjour de la paix, dans des habitations sûres, Dans des asiles tranquilles.

Nous demeurons dans le séjour de la paix, Dans des habitations sûres, Dans des asiles tranquilles.

SUR TA PAROLE ! **Jean 16 : 33** …Vous aurez des tribulations dans le monde ; mais prenez courage, j'ai vaincu le monde.

Nous pouvons avoir des tribulations dans ce monde, mais nous prenons courage, tu as vaincu le monde.

SUR TA PAROLE ! **Jean 10 : 28** Je leur donne la vie éternelle : jamais elles ne périront et personne ne pourra les arracher de ma main.

Tu nous donnes la vie éternelle : jamais nous ne périrons et personne ne pourra nous arracher de ta main.

SUR TA PAROLE ! **Psaume 37 : 28** Car l'Eternel aime qu'on suive le droit, et ceux qui le servent ne seront jamais délaissés par lui. Ils seront gardés éternellement,

Eternel tu aimes qu'on suive le droit, et nous qui te servons ne serons jamais délaissés par toi. Nous serons gardés éternellement,

SUR TA PAROLE ! **Psaume 86 : 2** Viens protéger ma vie, car je suis attaché à toi. Et toi, tu es mon Dieu. Je suis ton serviteur qui se confie en toi : viens me sauver !

Tu viens protéger nos vies, car nous te sommes attachés. Et toi, tu es notre Dieu. Nous sommes tes serviteurs et nous nous confions en toi : tu viens nous sauver !

SUR TA PAROLE ! **Ésaïe 54 : 5** car celui qui t'a faite c'est ton époux. Il a pour nom : le Seigneur des armées célestes. Celui qui te délivre c'est le Saint d'Israël, celui que l'on appelle : le Dieu du monde entier.

Tu es celui qui nous a fait et tu es notre époux. Tu as pour nom : le Seigneur des armées célestes. Tu es celui qui nous délivre, toi le Saint d'Israël, celui que l'on appelle : le Dieu du monde entier.

SUR TA PAROLE ! **2 Samuel 22 : 3** Dieu est mon rocher, où je trouve un abri, Mon bouclier et la force qui me sauve, Ma haute retraite et mon refuge. O mon Sauveur !

Tu me délivres des hommes violents. Notre Dieu tu es notre rocher, où nous trouvons un abri, Tu es notre bouclier et la force qui nous sauve, notre haute retraite et notre refuge. O notre Sauveur! Tu nous délivres des hommes violents.

SUR TA PAROLE ! **Hébreux 12 : 29** …car notre Dieu est un feu qui consume.

Notre Dieu tu es un feu qui consume.

SUR TA PAROLE ! **Proverbes 3 : 26** car l'Eternel sera ton assurance, il gardera ton pied de tout piège.

Eternel tu es notre assurance, tu gardes notre pied de tout piège.

SUR TA PAROLE ! **Proverbes 2 : 7-8** Il préserve ceux qui vivent selon la droiture et font ce qui est juste. Il veille sur le cheminement de ceux qui lui sont fidèles.

Tu nous préserves alors que nous vivons selon la droiture et que nous faisons ce qui est juste. Tu veilles sur notre cheminement puisque nous te sommes fidèles.

SUR TA PAROLE ! **Romains 8 : 31-32** Si Dieu est pour nous, qui se lèvera contre nous ? Lui qui n'a même pas épargné son propre Fils, mais l'a livré pour nous tous, comment ne nous donnerait-il pas aussi tout avec lui ?

Notre Dieu si tu es pour nous, qui se lèvera contre nous ? Toi qui n'as même pas épargné ton propre Fils, mais l'a livré pour nous tous, comment ne nous donnerais-tu pas aussi tout avec toi ?

SUR TA PAROLE ! **Psaume 23 : 2-3** Il me fait reposer dans de verts pâturages, Il me dirige près des eaux paisibles. Il restaure mon âme, Il me conduit dans les sentiers de la justice, A cause de son nom.

Tu nous fais reposer dans de verts pâturages, tu nous diriges près des eaux paisibles. Tu restaures notre âme, tu nous conduis dans les sentiers de la justice, A cause de ton nom.

SUR TA PAROLE ! **1 Pierre 5 : 8-9** Ne vous laissez pas distraire, soyez vigilants. Votre adversaire, le diable, rôde autour de vous comme un lion rugissant, qui cherche quelqu'un à dévorer. Résistez-lui en demeurant fermes dans votre foi, car vous savez que vos frères dispersés à travers le monde connaissent les mêmes souffrances.

Nous ne nous laissons pas distraire, nous sommes vigilants. Notre adversaire, le diable, rôde autour de nous comme un lion rugissant, cherchant quelqu'un à dévorer. Nous résistons en demeurant fermes dans notre foi, car nous savons que nos frères dispersés à travers le monde connaissent les mêmes souffrances.

Qu'il nous soit fait selon Ta Parole
Je te fais confiance

Aujourd'hui,
J'ai entendu ta voix (Parole),
Mon cœur n'est pas endurci
Hébreux 3 : 8

Je fais le choix d'accorder de la valeur à ta Parole

Livret 6
Ne nous induis pas en tentation, mais délivre-nous du malin

AMEN, AMEN, AMEN
LA CERTITUDE DE TON EXAUCEMENT

Nos problèmes, blessures intérieures nous obligent à regarder vers nous, à fixer notre attention sur nos drames. La louange nous conduit à regarder vers Dieu, à le remercier pour ce qu'il est, pour sa Parole, pour ses bontés, pour sa fidélité, pour son amour et nous donne la certitude de son exaucement.

Ton exaucement est certain comme la certitude que tu as de voir le soleil se lever tous les matins pour accomplir sa mission prophétisée par la Parole de Dieu dès le commencement.

Prononçons la Parole, encore et encore la Parole, et : la Parole se fera chair.

"Nous prierons sans cesse"

1 Thessaloniciens 5 : 17

Nous ne nous relâchons pas.

Luc 18 : 1

SUR TA PAROLE ! **Jérémie 1 : 12** Eh bien, je veille sur ma parole pour accomplir ce que j'ai dit ;

Tu veilles sur ta parole pour accomplir ce que tu as dit ;

SUR TA PAROLE ! **Esaïe 58 : 9** Alors tu appelleras, et l'Éternel répondra ; Tu crieras, et il dira : Me voici !

Eternel lorsque nous t'appelons, tu nous réponds ; nous crions, et tu nous dis : me voici !

SUR TA PAROLE ! **Jérémie 29 : 12** Alors vous m'invoquerez et vous viendrez m'adresser vos prières, et je vous exaucerai.

Alors que nous t'invoquons et venons t'adresser nos prières, tu nous exauces.

SUR TA PAROLE ! **Ésaïe 65 : 24** Avant qu'ils m'invoquent, je répondrai ; Avant qu'ils aient cessé de parler, j'exaucerai.

Avant que nous t'invoquions, Tu réponds ; Avant que nous ne cessions de parler, Tu nous exauces.

SUR TA PAROLE ! **Psaume 6 : 10** L'Eternel exauce mes supplications. L'Eternel accueille ma prière.

Eternel tu exauces nos supplications et tu accueilles nos prières.

SUR TA PAROLE ! **1 Pierre 1 : 21** Que votre foi et votre espérance soient en Dieu.

Ma foi et mon espérance sont en toi mon Dieu (mon Papa)

SUR TA PAROLE ! **Romains 8 : 32** Lui, qui n'a point épargné son propre Fils, mais qui l'a livré pour nous tous, comment ne nous donnera-t-il pas aussi toutes choses avec lui ?

Toi, qui n'as point épargné ton propre Fils, que tu as livré pour nous tous, comment ne nous donneras-tu pas aussi toutes choses avec toi ?

SUR TA PAROLE ! **Psaume 28 : 6** Loué soit l'Eternel, car il m'exauce lorsque je le supplie.

Nous te louons Eternel, car tu nous exauces lorsque nous te supplions.

SUR TA PAROLE ! **2 Thessaloniciens 3 :16** Que le Seigneur de la paix vous donne lui-même la paix en tout temps, de toute manière !

Que le Seigneur de la paix nous donne lui-même la paix en tout temps, de toute manière !

SUR TA PAROLE ! **2 Samuel 7 : 25** Eternel Dieu, fais subsister pour toujours la parole que tu as prononcée sur ton serviteur et sur sa maison, et agis selon ta parole.

Eternel Dieu, fais subsister pour toujours la parole que tu as prononcée sur moi ton serviteur et sur ma maison, et agis selon ta parole.

SUR TA PAROLE ! **1 Jean 5 : 14** Voici l'assurance que nous avons auprès de lui : si nous demandons quelque chose selon sa volonté, il nous écoute. Et si nous savons qu'il nous écoute, quoi que ce soit que nous demandions, nous savons que nous possédons ce que nous lui avons demandé.

Voici l'assurance que nous avons auprès de toi : si nous demandons quelque chose selon ta volonté, tu nous écoutes. Et si nous savons que tu nous écoutes, quoi que ce soit que nous te demandions, nous savons que nous possédons ce que nous t'avons demandé.

SUR TA PAROLE ! **Psaume 65 : 6** Par des interventions redoutables, avec justice, Tu nous réponds, Dieu de notre salut,

Par des interventions redoutables, avec justice, Tu nous réponds, Dieu de notre salut,

SUR TA PAROLE ! **2 Samuel 7 : 28** Maintenant, Seigneur Eternel, c'est toi qui es Dieu, tes paroles sont vérité, et tu as annoncé ce bienfait à ton serviteur.

Maintenant, Seigneur Eternel, c'est toi qui es Dieu, tes paroles sont vérité, et tu m'as annoncé ce bienfait à moi ton serviteur.

SUR TA PAROLE ! **Psaume 138 : 7** Oui, l'Eternel achèvera son œuvre en ma faveur.

Oui, Eternel tu achèves ton œuvre en notre faveur.

SUR TA PAROLE ! **Romains 8 : 28** Nous savons en outre que Dieu fait concourir toutes choses au bien de ceux qui l'aiment, de ceux qui ont été appelés conformément au plan divin.

Nous savons en outre notre Dieu, que tu fais concourir toutes choses pour notre bien pour nous qui t'aimons, nous qui avons été appelés conformément à ton plan divin.

SUR TA PAROLE ! **2 Samuel 7 : 29** Car c'est toi, Seigneur Eternel, qui as parlé, et par ta bénédiction la maison de ton serviteur sera bénie éternellement.

Car c'est toi, Seigneur Eternel, qui as parlé, et par ta bénédiction la maison de ton serviteur sera bénie éternellement.

SUR TA PAROLE ! **Josué 3 : 10** A ceci vous reconnaitrez que le Dieu vivant est au milieu de vous.

A ceci nous reconnaitrons que le Dieu vivant (Papa) est au milieu de nous.

Les paroles de notre Père sont esprit et vie. Jean 6 : 63

Papa, tu as entendu nos prières, tu as vu nos larmes. Ésaïe 38 : 4-5

Tu nous connais par nos noms et nous avons trouvé grâce à tes yeux. Exode 33 : 12

SUR TA PAROLE ! **1 Thessaloniciens 5 : 24** Celui qui vous a appelés est fidèle, et c'est lui qui le fera

C'est toi qui nous as appelés, tu es fidèle, et c'est toi qui le feras (accompliras ce que tu nous as dit)

Tu fais pour nous toute chose bonne en ton temps; Ecclésiaste 3 : 11

SUR TA PAROLE ! **2 Jean 1 : 3** La grâce, la miséricorde et la paix seront avec nous de la part de Dieu le Père et de la part de Jésus-Christ, le Fils du Père, dans la vérité et l'Amour.

La grâce, la miséricorde et la paix seront avec nous de ta part notre Dieu le Père et de la part de Jésus-Christ, le Fils du Père (premier né), dans la vérité et l'Amour.

SUR TA PAROLE ! **Philippiens 4 :19** Mon Dieu pourvoira à tous vos besoins selon sa richesse, avec gloire, en Christ-Jésus.

Mon Dieu (mon Papa) pourvoira à tous nos besoins selon sa richesse, avec gloire, en Christ-Jésus.

Nous reconnaissons que l'Eternel, notre Père parle et agit (encore aujourd'hui). Oracle de l'Eternel. Ezéchiel 37 : 14

SUR TA PAROLE ! **1 Pierre 2 : 6** Et celui qui croit en elle ne sera pas confondu.

Nous croyons en ta parole nous ne serons pas confondus.

SUR TA PAROLE ! **1 Thessaloniciens 5 : 16** Soyez toujours joyeux.

Nous sommes toujours joyeux.

SUR TA PAROLE ! **Philippiens 4 : 4** Réjouissez-vous toujours dans le Seigneur ; je le répète, réjouissez-vous.

Nous nous réjouissons toujours dans le Seigneur ; nous le répétons, nous nous réjouissons.

SUR TA PAROLE ! **Philippiens 4 :20** A Dieu notre Père la Gloire aux siècles des siècles. Amen

A Dieu notre Père la Gloire aux siècles des siècles. Amen

Après avoir déclaré, gardez le silence un moment, prenez le temps d'écouter Dieu toujours dans cette atmosphère d'adoration, de reconnaissance et de louange.

Papa tu m'as dit

Qu'il nous soit fait selon Ta Parole

Amen

LE PREALABLE

Recevoir Jésus-Christ comme son Seigneur et Sauveur personnel. Ceci est nécessaire pour ceux qui ne l'ont pas encore accepté, afin qu'ils puissent pleinement expérimenter la parole de notre Père, le créateur.

Mais à tous ceux qui L'ont reçue, à ceux qui croient en Son nom, elle a donné le pouvoir de devenir enfants de Dieu... Jean 1 : 12

Si tu confesses de ta bouche le Seigneur Jésus, et si tu crois dans ton cœur que Dieu l'a ressuscité des morts, tu seras sauvé. Romains 10 : 9

Ne nous induis pas en tentation,
mais délivre-nous du malin

PRIERE DU SALUT

Ici et maintenant,

Jésus-Christ, je confesse que tu es le fils de Dieu, que tu es mort pour mes péchés et ressuscité d'entre les morts. Romains 10 : 9

Je reconnais que tu as été livré pour mes offenses et ressuscité pour ma justification. Romains 4 : 25

C'est pourquoi, je plaide ton sang pour le pardon et la purification de tous mes péchés. 1 Jean 1 : 9

Je t'accepte Jésus-Christ comme Sauveur et Seigneur de ma vie.

Père céleste, je te rends grâce de ce que tu as fait de moi ton enfant. Jean 1 : 12

Merci Père, de me remplir de Ton Saint-Esprit. Cher Saint-Esprit prend le contrôle total de mon être.

Je confesse que je suis désormais une nouvelle créature, que les choses anciennes sont passées et que toutes choses sont devenues nouvelles.

2 Corinthiens 5 : 17

Amen

Vous n'êtes plus seul : Ne soyez plus seul ! Demandez au Saint-Esprit de vous guider pour vous connecter avec des frères ou sœurs spirituels pour grandir dans la connaissance, vous édifier et enfin contribuer à répandre la bonne nouvelle par l'appel (la vision, appétence, compétences…) que le Père a placé en vous avant votre venue au monde.

Tu connais les projets que Tu as formés sur moi, comme Tu me dis Éternel, projets de paix et non de malheur, afin de me donner un avenir et de l'espérance.

Jérémie 29 : 11

Vous êtes oint : L'Esprit du Seigneur est sur toi, Parce qu'il t'a oint pour annoncer une bonne nouvelle aux pauvres ; Il t'a envoyé pour guérir ceux qui ont le cœur brisé, Pour proclamer aux captifs la délivrance, Et aux aveugles le recouvrement de la vue, Pour renvoyer libres les opprimés. Luc 4 : 18

Nous naissons dans ce monde, nous y vivons et nous y mourrons. Les deux extrémités ne nous appartiennent pas, **mais nous pouvons décider de ce qui se passe entre ces deux extrémités et de ce qui va être le but de notre existence.**

O Père, si tu le veux, écarte de moi cette coupe ! Toutefois, que ta volonté soit faite, et non la mienne. Luc 22 : 42

Ne nous induis pas en tentation,
mais délivre-nous du malin

**Du même auteur
Papa tu m'as dit**
Qu'il nous soit fait selon Ta Parole

Voici donc comment nous devons prier :

Matthieu 6 : 9

Livret 1 - Notre Père, qui es aux cieux,

Livret 2 - : Que ton nom soit sanctifié ; Jésus-Christ

Livret 3 - : Que ton règne vienne ; que ta volonté soit faite sur la terre comme au ciel. Saint-Esprit

Livret 4 - Donne-nous aujourd'hui notre pain quotidien;

Livret 5 - : Pardonne-nous nos offenses, comme nous aussi nous pardonnons à ceux qui nous ont offensés ;

Livret 6 - : Ne nous induis pas en tentation, mais délivre-nous du malin.

Livret 7 - : Car c´est à toi qu'appartiennent, dans tous les siècles, le règne, la puissance et la gloire.

Offrez-vous la série

Livret 1 – Dimanche

Livret 2 – Lundi

Livret 3 – Mardi

Livret 4 – Mercredi

Livret 5 – Jeudi

Livret 6 – Vendredi

Livret 7 – Samedi

Que la révélation de tes paroles m'éclaire, qu'elle me donne de l'intelligence à moi qui manque d'expérience. J'ouvre la bouche et je soupire, car j'ai soif de tes commandements. Tourne-toi vers moi et fais-moi grâce comme tu le fais pour ceux qui aiment ton nom ! Affermis mes pas dans ta parole et ne laisse aucun mal dominer sur moi ! Libère-moi de l'oppression des hommes afin que je garde tes décrets ! Fais briller ton visage sur moi ton serviteur et enseigne-moi tes prescriptions ! Psaume 119 : 130

Oui, l'Eternel, tu achèves ton œuvre en ma faveur. Eternel, ton amour dure à toujours. Tu ne m'abandonnes pas moi ta créature ! Psaume 138 : 8

Je crois en ta parole qui m'a été annoncée. Je reconnais

ton bras Éternel. Ésaïe 53 : 1

Ne nous induis pas en tentation,
mais délivre-nous du malin

Certainement ces livrets vous édifieront envoyez-nous par mail, audio ou vidéo vos témoignages :

issuemedias@issueassociation.com

Ils l'ont vaincu à cause de la parole de leur témoignage.

Partageons nos expériences personnelles qui édifieront des personnes quelque part dans le monde.

ISBN : 978-2-493947-04-8

© SKLConcept

Ce livre a été imprimé en Allemagne

Dépôt légal : Mai 2022

Ne nous induis pas en tentation,
mais délivre-nous du malin

Ne nous induis pas en tentation,
mais délivre-nous du malin

NOTES

Expression libre

Ne nous induis pas en tentation,
mais délivre-nous du malin

Ne nous induis pas en tentation,
mais délivre-nous du malin

Ne nous induis pas en tentation,
mais délivre-nous du malin